**NEM UM DIA SE PASSA
SEM NOTÍCIAS SUAS**

NEM UM DIA SE PASSA SEM NOTÍCIAS SUAS

DANIELA PEREIRA DE CARVALHO

Cobogó

Sobre a peça

A ideia que considero central na peça está na minha cabeça há muito tempo. Dois irmãos, divididos no tempo. Mas eu não conseguia dar enredo ao que pretendia como discurso. Até que, em uma sessão de outra peça que escrevi – *Um certo Van Gogh* –, assistindo a uma cena que o Pedro Garcia Netto fazia, tive um daqueles tão mencionados "insights"! Queria falar sobre memória e hereditariedade. O artifício de colocar em cena dois atores que tivessem, de fato, uma ligação hereditária – dores comuns, gestos e feições semelhantes – poderia ser estruturador.

Logo em seguida, escrevi as primeiras 17 páginas de *Nem um dia*. Alguns dias depois, encontrei com o Edson Celulari – que é tio do Pedro, e fora nos assistir em *Van Gogh* – e disse a ele que queria fazer uma peça com os dois. Edson estava fazendo *Hairspray* e prometeu que, quando estivesse livre, me procuraria. Sempre gosto de escrever sabendo quem serão os atores e realizando leituras durante a "feitura do texto", das partes, tijolo por tijolo.

Assim que *Hairspray* acabou, Edson entrou em contato, como prometera. Lemos as primeiras 17 páginas então já escritas. Daí por diante, foram leituras semanais, nos meses de setembro e outubro de 2010, se não me engano. Muitos avanços, muitas mudanças, uma interlocução maravilhosa com os atores, e com um ou outro amigo que chamávamos para ouvir o texto, como Marcelo Valle e Gilberto Gawronski (que acabou sendo nosso diretor). Muitas ideias, muito prazer!

(O Pedro é meu muso particular, nos conhecemos desde a CAL, já fizemos três espetáculos e planejamos muitos outros. Preciso salientar isso aqui, já que resolvi – por conta própria – me meter no meio de sua família. Além de colocá-lo em cena com seu tio, sua mãe Elvira Celulari, foi diretora de produção da peça, para sorte do espetáculo!)

Daniela Pereira de Carvalho

Nem um dia se passa sem notícias suas estreou no Rio de Janeiro, no Teatro Leblon, em agosto de 2011.

Elenco
JOAQUIM: Edson Celulari
JULIANO e MIGUEL: Pedro Garcia Netto

Texto
Daniela Pereira de Carvalho

Direção
Gilberto Gawronski

Cenografia
Gilberto Gawronski

Figurino
Nelo Marrese

Iluminação
Paulo Cesar Medeiros

Direção Musical
Rodrigo Marçal

Direção de Movimento
Márcia Rubin

Projeto Gráfico
Daniel Gnattali

Direção de Palco
Taty Behar

Operador de Luz
Orlando Chaider

Operador de Som
Tiago Mello

Assistente de Produção
Luiza Baccelli

Coordenação de Produção
Elvira Celulari

Realização
Cinelari Produções Art. Ltda.

PERSONAGENS

JOAQUIM

JULIANO

MIGUEL

Ato 1

CENA 1

Joaquim está na sala da casa do seu pai, que morreu há poucos dias. Juliano, seu irmão, entra. Joaquim tem por volta de cinquenta anos. Juliano, por volta de trinta. Os dois se olham uns instantes, em silêncio.

JULIANO: Negócio fechado?

JOAQUIM: É... Acabei de assinar.

Pausa breve. Eles se olham, novamente, em silêncio. Depois olham em volta, a sala. Eles nunca se tocam.

JOAQUIM: Negócio fechado.

JULIANO: Quem comprou?

JOAQUIM: Como assim?

JULIANO: Quem comprou?

JOAQUIM: Não sei.

JULIANO: Como assim, não sabe, Joaquim? Quem comprou? Para quem você vendeu?

JOAQUIM: Não sei! Gente... Gente do tipo que lê classificados de jornal. Desconhecidos.

JULIANO: Ah...

JOAQUIM: Eu não sou do tipo que lê classificados de jornal.

JULIANO: Eles eram jovens? Velhos? Asiáticos?

JOAQUIM: Me pareceram bastante ocidentais! Brasileiros mesmo, sabe... Nacionais! Falavam português fluentemente, com acentuado sotaque carioca.

Juliano ri. Joaquim começa a tirar livros da prateleira de uma estante.

JULIANO: E o que mais?

JOAQUIM: O que mais?

JULIANO: É, Joaquim... O que mais? O que eles falaram? Como eles eram?

JOAQUIM: Eram pessoas, Juliano! Pessoas... Um casal. Casado, eu acho. Moram juntos, pelo menos. Compraram uma casa com essa finalidade... Compartilhar uma moradia... Uma habitação... Um lar... Compraram uma casa para morar juntos... Compraram esta casa...

JULIANO: A nossa casa.

JOAQUIM: Pois é. Pessoas. Duas. Cada uma delas com dois braços, duas pernas. Pessoas.

JULIANO: Nem todo mundo tem dois braços e duas pernas.

JOAQUIM: Eu sei, Juliano. Eu sei. Nem todo mundo tem dois rins também. Ou uma amígdala sequer... Nem todo mundo tem... Mas, nesse caso específico, coincidentemente, o casal de compradores possuía duas pernas e dois braços cada um. Não posso dizer se, por dentro, eles eram completos... Mas, por fora, visivelmente, eram pessoas inteiras... Duas pessoas inteiras. Cada uma delas com um par de olhos, um par de sobrancelhas e cinco dedos em cada mão. Pessoas inteiras.

JULIANO: De que faixa etária?

JOAQUIM: Hein?

JULIANO: Eles aparentavam mais ou menos quantos anos? Aliás, nos documentos devia ter a data de nascimento deles... Você reparou nisso? Quantos anos eles têm?

JOAQUIM: Juliano... Isso influi de alguma forma no pagamento? Deveria me interessar, a idade deles?

JULIANO: Não... Quer dizer...

JOAQUIM: Não importa nem um pouco! Não faz a menor diferença.

JULIANO: Eu estou curioso para saber que tipo de gente vai morar, a partir de agora, na casa em que eu cresci, em que você cresceu... Estou curioso... É só isso... Ora essa...

JOAQUIM: Eu tive que resolver tudo sozinho. Não foi? Então, fiz o melhor que pude. Na verdade, me saí muito bem até... A casa foi vendida apenas três dias depois que coloquei o anúncio no jornal. Foi rápido. Foi bastante simples... O negócio... Fechar o negócio... Coloquei à venda e, em três dias, a nossa casa não é mais nossa casa... Tudo resolvido, sem problemas... Sem aborrecimento nenhum... Dezessete dias depois da morte do papai, a nossa casa não é mais nossa... A casa dos nossos pais!

JULIANO: Você foi esplêndido, Joaquim! Maravilhoso!

JOAQUIM: Pois é.

JULIANO: E muito prudente! Prevenido! Espertíssimo!

JOAQUIM: É...

JULIANO: Transferir a casa para o seu nome, quando o papai ficou doente, foi uma ideia ótima. Facilitou muito as coisas... Sem inventário... Sem essas burocracias babacas, esses calvários inúteis... Você se saiu muito bem, meu irmão! Muito bem!

JOAQUIM: A ideia foi do papai, não foi minha.

JULIANO: Ah! É?

JOAQUIM: Foi ele quem engendrou a coisa toda. A prevenção toda. Foi o papai quem planejou tudo. Isso nunca me passaria pela cabeça, Juliano. Não sou um cara nada prático... Você deveria saber disso...

JULIANO: Eu sei disso, doutor.

JOAQUIM: Nunca fui, nunca me tornei.

JULIANO: Você não é do tipo que lê classificados de jornal.

JOAQUIM: É realmente espantoso eu ter conseguido fechar negócio tão agilmente agora, nesse caso. Não é? É extraordinário!

JULIANO: Joaquim! Jo-a-quim!

JOAQUIM: O quê?

JULIANO: Tem uma garrafa fechada de Blue Label bem nesta sala!

JOAQUIM: Tem...

JULIANO: Caralho! Tem mesmo!

JOAQUIM: Sempre teve. Desde que eu me entendo por gente...

JULIANO: Vamos abri-la em homenagem a essa propícia – e espantosa – manifestação do seu senso prático!

JOAQUIM: A garrafa secreta do papai.

Juliano tira, de trás de alguns livros, uma garrafa empoeirada de whisky.

JOAQUIM: Ele nunca abriu.

JULIANO: Whisky não estraga, não é?

JOAQUIM: Não! Claro que não! Whisky melhora!

JULIANO: Cowboy?

JOAQUIM: Não para mim... Vou pegar gelo!

Joaquim sai. Na ausência dele, Juliano não se move. Joaquim volta trazendo um balde de gelo. Juliano abre a garrafa e serve uma dose cowboy para si mesmo e uma com gelo para o irmão. Eles brindam. Apenas os copos se tocam, os irmãos nunca se tocam.

JULIANO: Vamos ouvir uma das músicas do papai?

JOAQUIM: Uma das músicas do papai? [*cantarola*] "Heaven... I'm heaven..." [*e*] "meu filho vende a casa e bebe o whisky..."

Eles riem. Juliano coloca um LP em uma vitrola antiga. A música é "Miss Celie's Blues".

JULIANO: Quer dançar comigo?

Juliano dança sozinho, cantarolando a música para o irmão, fazendo graça. Joaquim vira o copo de whisky e se serve de outro. A fala de Joaquim interrompe bruscamente a música, sem que ninguém precise tirar o disco da vitrola ou diminuir o volume.

JOAQUIM: Eu não poderei nunca mais voltar para a casa. Não é?

JULIANO: Não começa com drama! Você já não mora mais aqui há não sei quanto tempo...

JOAQUIM: Vinte e um anos.

JULIANO: Olha só! Já tem até a maioridade.

JOAQUIM: Eu só saí da casa dos meus pais aos 27 anos.

JULIANO: Um retardado, praticamente... Retardatário! Eu quis dizer retardatário!

JOAQUIM: Sei... Esse não é um dos motivos pelos quais você se orgulharia de mim... Não é?

JULIANO: *No way, man!*

Joaquim sorri para o irmão.

JOAQUIM: Mas eu sou médico. E faço transplantes de coração.

JULIANO: E isso é bem legal! E bastante pragmático da sua parte. É um problemão que você consegue resolver com total praticidade. Para um sujeito enrolado como você, é admirável!

JOAQUIM: Eu posso ser enrolado mas sou também meticuloso. E nada, nada distraído. Só não tenho... Sei lá... Rapidez de raciocínio para certas coisas... Coisas comuns...

JULIANO: Coisas comuns como, por exemplo, pensar em trazer caixas de papelão... Onde vamos enfiar essas coisas todas? Na mala do carro não vai caber a casa inteira...

CENA 2

Joaquim.

JOAQUIM: Você não pensa em nada. Nada mais. Nenhuma outra coisa. Nada passa pela sua cabeça. Você, simplesmente, não consegue pensar em nada mais. Torna-se incapaz. De distrair-se. De divagar. De, mesmo que rapidamente, ter outra ideia, uma ideia qualquer... Um pensamento solto... Não há mundo lá fora, não há dimensões paralelas. Não há espaço infinito ou o centro da Terra. Tudo é o momento presente. O instante. O exato segundo em que você se encontra. É só isso. Não tem mais nada. Tudo o que existe está ali. Diante dos seus olhos. Ao alcance das suas mãos. Dentro do peito aberto daquele sujeito forçado a sedar-se na sua frente. A apagar na sua companhia. Destituído de qualquer história, qualquer vontade. Considerado apenas enquanto artérias, músculos, nervos e ossos. Sem idiossincrasias, sem qualidades... O sujeito, o paciente, sai da sala de cirurgia com um coração novo e, se tudo der certo, alguma vida pela frente. Sabe-se lá... Mas eu, o cirurgião, não me transformo, mal me movo. Saio dali para outra sala igual àquela. E, novamente, me concentro no único momento que existe, o segundo seguinte, subsequente. Por um átimo, vejo um coração bater fora de uma pessoa. Por um átimo, vejo uma pessoa sem coração. Desligo, propositalmente, uma pessoa do seu próprio coração. Corto, afasto, separo. Pego um pedaço, uma parte, de alguém que já não tem mais consciência de si para manter-se inteiro e preencho a ausência, racionalmente, forjada por mim no corpo de outro. Eu opero... Depois, quando saio dali, acho irrelevante escolher entre preto e magenta para a cor do meu carro. Não importa, não faz diferença. Quando volto para casa, quando ando na rua, pago contas em restaurantes com meu cartão de crédito Golden Class e assisto a meu filho lutando arduamente para encontrar sentido na terrível obrigação de compreender trigonometria... Quando vivo a vida, por assim dizer... O presente me foge, me escapa. O passado volta, o futuro passa... Eu não me encontro mais...

Juliano entra.

JULIANO: Joaquim...

JOAQUIM: Fala...

JULIANO: Papai e mamãe saíram?

JOAQUIM: Saíram.

JULIANO: Foram aonde?

JOAQUIM: Não tenho a menor ideia.

JULIANO: Idiota!

JOAQUIM: Imbecil!

JULIANO: Vão demorar?

JOAQUIM: Não tenho a menor ideia, idiota!

JULIANO: Olha só... Tem uma coisa que eu preciso te falar.

JOAQUIM: Fala rápido que eu estou exausto, não durmo há 38 horas, estou na semana de provas...

JULIANO: Trinta e oito horas?

JOAQUIM: Aproximadamente...

JULIANO: Como você consegue?

JOAQUIM: Tomo uns negocinhos...

JULIANO: Uns negocinhos?

JOAQUIM: Estimulantes, Juliano... Todo estudante de medicina toma...

JULIANO: Ah! Está se drogando, é?

JOAQUIM: Estou. Mas, diferente de você, me drogo objetivamente.

JULIANO: Que merda, né?

JOAQUIM: Você é que é um merda!

JULIANO: Ha-ha-ha.

JOAQUIM: Ha-ha-ha.

JULIANO: Olha só, presta atenção, tenho que te falar uma coisa muito importante.

JOAQUIM: O quê?

JULIANO: Eu não estou me sentindo nada bem.

JOAQUIM: Como é?

JULIANO: Você não é médico?

JOAQUIM: Não. Ainda não.

JULIANO: Joaquim, eu não estou me sentindo nada bem. Você tem que me ajudar.

JOAQUIM: Qual é, Juliano? Estou exausto...

JULIANO: Estou falando sério.

JOAQUIM: Onde está doendo, neném?

JULIANO: Ah! Deixa para lá!

JOAQUIM: Fala logo, fresquinho!

JULIANO: Quando eu morrer, quero, por favor, que você pegue meu coração e dê para outra pessoa.

JOAQUIM: Como é que é?

JULIANO: Quero que você faça isso, pessoalmente. Certo?

JOAQUIM: Você está delirando, é?

JULIANO: Eu, não. Estou falando sério.

JOAQUIM: Quando o papai voltar, eu vou contar tudo para ele.

Juliano sai.

JOAQUIM: Por muito tempo achei que a ausência era falta. E lastimava, ignorante, a falta. Hoje não lastimo mais. Não há falta na ausência. A ausência é um estar em mim. E sinto-a, branca, tão pegada, aconchegada nos meus braços, que rio e danço e invento exclamações alegres, porque a ausência, essa ausência assimilada, ninguém a rouba mais de mim.

CENA 3

Joaquim está novamente na sala da casa de seu pai. Dessa vez, cercado de caixas de papelão e material para embalagem. A garrafa de whisky ainda está por ali, pela metade. Juliano chega.

JULIANO: Vai largar sua mulher? É isso?

JOAQUIM: Não.

JULIANO: Não?

JOAQUIM: De jeito nenhum.

JULIANO: Que história é essa, então, de passar uns dias aqui sozinho? Sem voltar para casa, sem aceitar ajuda dela nem de ninguém... Se isolar...

JOAQUIM: Não é nada de mais, Juliano. Só quero passar os dias que restam aqui... Guardando as coisas... Morando aqui, como antes... Voltando e partindo ao mesmo tempo.

JULIANO: Isso não é meio deprimente, não?

JOAQUIM: Você acha?

JULIANO: Meio autocomiserativo.

JOAQUIM: Não tenho mais pai nem mãe. Tenho direito a uma certa crise.

JULIANO: Não tenho mais pai nem mãe... Ah... Pobre homem...

JOAQUIM: É isso mesmo! Pobre de mim!

JULIANO: Você tem filho, cara! Você é pai!

JOAQUIM: Eu sei. Eu sei, perfeitamente, disso. E meu filho achou que eu estava coberto de razão em querer ficar um pouco sozinho. Me deu todo o apoio...

JULIANO: Com quantos anos o Miguel está mesmo?

JOAQUIM: Você está com uma obsessão na idade das pessoas, não é, não, Juliano?

JULIANO: Não. Não é, não, Joaquim. Dezesseis?

JOAQUIM: Dezenove. Ele é emo.

JULIANO: É?

JOAQUIM: É.

JULIANO: Emo.

JOAQUIM: Pois é.

JULIANO: Isso te deixa frustrado?

JOAQUIM: Não sei, exatamente, o que significa.

JOAQUIM: Muito, provavelmente, só significa que ele tem 19 anos. Lembra como era?

JULIANO e **JOAQUIM:** Toda a atenção voltada para o próprio pau.

Eles riem.

JOAQUIM: Papai tinha umas grosserias!

JULIANO: Você devia ter tido mais filhos, para o Miguel ter irmãos...

JOAQUIM: Isso só dificultaria as coisas ainda mais para ele... Ter irmãos...

JULIANO: Ah! Sei... Quando você morrer, ele vai ter que empacotar as suas coisas sozinho.

JOAQUIM: Eu estou empacotando tudo aqui sozinho...

JULIANO: Mas eu lembrei do Blue Label!

JOAQUIM: Eu segurei, sozinho, a alça do caixão do nosso pai porque você, em dado momento, perdeu as forças.

JULIANO: Você não segurou sozinho porra nenhuma, Joaquim! Não inventa um drama! Tinha gente lá... Tinha muita gente lá, até... Uns dez homens se ofereceram na hora de levar o caixão... Mais de dez... Sobrinho, afilhado, empregado... Todos queriam ter a honra, papai era popular para caralho! Eu, com minhas parcas forças, não era, não fui, nem um pouco necessário... Seu filho segurou a alça do caixão do seu pai, ao seu lado...

JOAQUIM: É verdade.

JULIANO: Para de me transformar no filho pródigo.

JOAQUIM: Também não exagera, Juliano... Não estou te transformando em nada...

JULIANO: Está, sim, e você sabe disso.

JOAQUIM: Você sempre foi meio fraquinho mesmo... Meio fracote... Com aquela sua asma... Aquela sua sensibilidade toda...

JULIANO: A-ha-ha.

JOAQUIM: Era, sim, e você sabe disso.

JULIANO: Queda de braço? Vamos?

Joaquim ri.

JULIANO: Vamos! Queda de braço!

JOAQUIM: Ridículo!

JULIANO: Está com medo de enfrentar seu irmão mais novo, está? Velho demais para me encarar no mano a mano, meu irmãozão? Medinho?

JOAQUIM: Com certeza! Velho demais e com medinho! Sou completamente dependente da destreza dos meus braços, dos meus dedos, do meu pulso para viver...

JULIANO: Sei...

JOAQUIM: Whisky?

JULIANO: Claro... Eu tomo cowboy e você toma com gelo... Quem é o fracote...

JOAQUIM: Eu tenho cinquenta anos e você...

JULIANO: Ah... Vai lá, vai, cinquentão, pegar seu gelinho...

Juliano bebe um gole de whisky, no gargalo mesmo.

JOAQUIM: Ah! Que valentão!

Joaquim sai. Novamente, na ausência dele, Juliano não age. Joaquim volta sem gelo.

JULIANO: Não tinha gelo?

JOAQUIM: Tem uma lasanha na geladeira.

JULIANO: Lasanha com whisky? Meio incompatível...

JOAQUIM: Uma lasanha do papai.

JULIANO: Você está com fome?

JOAQUIM: Não, Juliano, você não está entendendo!

JULIANO: Desculpe... Você foi pegar gelo, voltou falando em lasanha, eu me perdi um pouco...

JOAQUIM: A lasanha do papai. Feita por ele, a especialidade dele.

JULIANO: Eu conheço, Joaquim. Fui obrigado a mastigá-la com cara de satisfação a vida inteira...

JOAQUIM: É a última do universo, sacou? Nunca mais haverá outra dessas.

JULIANO: Ah! Pelo amor de Deus! Você está muito apegado... Essa lasanha era horrível... Gordurosa, salgada... Provavelmente foi por causa dela que o papai enfartou...

JOAQUIM: Ah! Cala a boca...

JULIANO: É verdade! Ele estava com câncer, se preparando para a morte, arrumando seus papéis, despedindo-se dos amigos... Mas aí... Essa lasanha, que ele preparou a vida inteira julgando ser uma preciosidade e que, de fato, era uma bomba, abreviou as coisas...

Joaquim, violento, ameaça fisicamente Juliano, sem no entanto tocá-lo.

JOAQUIM: Não ia ser agora! Ele não ia morrer agora... Ele tinha tempo ainda, tinha tempo... Ele estava em tratamento... Ele podia até ficar curado! Meu Deus, eu sou médico! Eu troco corações de pessoas... E deixei meu pai morrer... De uma hora para outra...

JULIANO: Ele estava doente, cara!

JOAQUIM: Eu deixei ele morrer!

JULIANO: As pessoas morrem, Joaquim. Todas elas, qualquer uma delas. Os velhos, as crianças, os pais. Cedo ou tarde, acontece.

JOAQUIM: Eu estava me preparando... Mas ainda não estava na hora!

JULIANO: Eu sei.

JOAQUIM: Tinha tempo ainda. Tinha tempo.

Juliano oferece a garrafa de whisky. Joaquim aceita e bebe um gole cowboy mesmo.

JOAQUIM: Sabe... Naquele dia, eu entrei pela porta e o corpo estava exatamente aí, nesse lugar em que você está agora. De longe dava para perceber que era um corpo sem vida.

JULIANO: O corpo do papai?

JOAQUIM: Não. Não estou falando do papai.

JULIANO: Falando em corpo... Eu acho a Antônia uma tremenda gostosa, sabia?

JOAQUIM: Como é que é?

JULIANO: Eu acho a sua mulher uma tremenda gostosa.

JOAQUIM: Bom saber...

JULIANO: Você acha?

JOAQUIM: O quê?

JULIANO: Não se faça de desentendido...

JOAQUIM: Não enche!

JULIANO: Você acha, Joaquim?

JOAQUIM: Se eu acho a Antônia gostosa?

JULIANO: É.

JOAQUIM: Acho, sim.

JULIANO: Mesmo?

JOAQUIM: Estou casado com ela há quase vinte anos e nunca deixei de comê-la.

JULIANO: Não?

JOAQUIM: Não. Sou um bom marido. Compareço regularmente com o pênis devidamente ereto.

JULIANO: Pelo menos, até agora, não é...

JOAQUIM: Como assim?

JULIANO: Essa sua crise emocional vai acabar te deixando brocha... Ficar aqui, juntando as coisinhas... Choramingando pela casa... Sentindo falta do colinho da mamãe... Isso, com certeza, vai te deixar brocha! E, no seu caso, meu querido irmão, ser brocha é um problema duplo porque além de você virar um merda assexuado, vai deixar insatisfeita uma mulher supergostosa...

JOAQUIM: Juliano, lembra da Alice?

JULIANO: Alice?

JOAQUIM: É... Sua namorada... Maluca para caralho...

JULIANO: Alice!

JOAQUIM: Uma vez, depois de você dormir, ela veio para o meu quarto... Disse que estava entediada... Eu estava acordado... Época da faculdade... Eu vivia acordado... Ela entrou, vestindo só uma camiseta, e me deu um ácido... Na verdade, ela jogou um ácido na minha boca... Eu não pude fazer nada... Quando dei por mim, tava doidão com a sua namorada seminua...

JULIANO: Eu estava dormindo?

JOAQUIM: No seu quarto. Tranquilamente. E papai e mamãe estavam no quarto deles. Dormindo tranquilamente também. Eu fiquei completamente doido! Tão doido... Misturou o ácido com as bolas que eu tomava para não dormir... Fiquei tão alto, mas tão descontrolado, que não consegui comer sua namorada...

JULIANO: Que bom, não é? Já estava aqui me preparando para te matar...

JOAQUIM: Não aconteceu nada... Eu tive uma gloriosa brochada...

JULIANO: Melhor assim...

JOAQUIM: É... Mas não foi por lealdade a você, não, Juliano... Foi porque eu tava muito doido... Se ela não tivesse jogado aquele ácido na minha boca, eu teria comido ela, com certeza... Eu teria comido a sua namorada enquanto você dormia...

JULIANO: Não precisa se sentir culpado por isso, não... Já faz muito tempo...

JOAQUIM: Não me sinto culpado! Tenho é um enorme arrependimento de não ter mandado ver na Alice!

JULIANO: Eu não era apaixonado por ela.

JOAQUIM: Eu sei.

JULIANO: Sabe?

JOAQUIM: Você sempre manteve uma distância segura do amor. Não é?

JULIANO: Era isso que eu dizia.

JOAQUIM: Era disso que você se gabava.

JULIANO: Joaquim!

JOAQUIM: O quê?

JULIANO: É a última lasanha do universo!

JOAQUIM: É.

JULIANO: Não está cheirando bem, não...

JOAQUIM: Não importa, eu vou comer de qualquer jeito. É a última do universo!

JULIANO: E apodreceu na geladeira!

JOAQUIM: É o fim de uma era, Juliano... É o fim de uma era!

JULIANO: O corpo estava aqui?

JOAQUIM: É. Bem aí.

JULIANO: Sinto muito.

JOAQUIM: Sente?

CENA 4

Juliano.

JULIANO: Nem eu nem meu irmão. Nenhum de nós dois é fisicamente parecido com o nosso pai. Nem um pouquinho. Em nada. Nem eu nem meu irmão. Nós não temos, nem vagamente, alguma semelhança física com o nosso pai... O papai era moreno, olhos castanhos, cabelos muito pretos. Magrinho, sempre foi um sujeito magrinho... E muito, muito peludo... Barbudo, cabeludo... Papai-urso... Muito diferente de mim e do meu irmão. Muito diferente. Nós dois, com nossos olhos verdes, nossa pele clara, nosso porte atlético, nossa barba rala, não somos em nada parecidos com o nosso pai. Em nada. Fisicamente falando. Ele sempre nos chamou de "meus galeguinhos". Ou "meus pintos pelados". Ou "meus fortões". Ou "meus meninos de olhos bonitos"... Meninos para os quais, quando ele olhava, não via seus traços refletidos. Nem um só traço refletido nos seus galeguinhos, fortões, pelados, de olhos bonitos. Nem um só traço refletido... Eu e meu irmão somos muito, muito parecidos com nosso avô. O pai da nossa mãe. Nosso avô, Eduardo. Somos a cara dele. O mesmo porte, as mesmas cores, o mesmo recorte. Feitos à imagem e semelhança de nosso avô materno... Eu e meu irmão... Cópias bastante fiéis de nosso avô materno... Que eu não conheci! Com quem eu nunca conversei... Que só viveu até minha mãe completar 13 anos. Morreu jovem, meu avô Eduardo, morreu jovem. Se matou jovem. Aos 37 anos. Mas deixou vestígios de sua forma pelo mundo. Vestígios que me formaram, que formaram meu irmão... Foi um homem que se estendeu, fisicamente, nos netos em que nunca tocou... Meu avô Eduardo... Isso prova que é impossível não deixar rastro se você possui descendentes. Não é? É impossível não deixar rastros naqueles que vêm de você, que nascem de você... É impossível... Há um tipo de ligação que sobrevive a tudo, a qualquer coisa, é inextinguível... A descendência... Não há modo de evitar que um descendente seu seja parte de você... Seja uma continuação de alguma coisa sua... Não há como impedir... Você os afeta indiscriminadamente, inadvertidamente. Você os alcança. Às vezes, apenas fisicamente. Às vezes, de maneiras bem mais complexas... Meu pai não deixou em mim ou no meu irmão seu rosto. Mas fez de nós dois absolutos admiradores de Carlos Drummond de Andrade. Ele adorava Drummond! Era fã! Quase torcedor! E lia poemas para mim, para o meu irmão. Assim como meu irmão leu poemas para o meu sobrinho, imitando meu pai, assemelhando-se a ele. Meu irmão leu os poemas que meu pai lia para nós, para o seu próprio filho. Meu sobrinho, meu descendente. Vestígios, rastros, rostos, poemas, últimas lasanhas do universo. Sobras. "Ninguém é igual a ninguém. Todo ser humano é um estranho ímpar."

CENA 5

Joaquim entra em casa, Miguel está lá. Ele é muito parecido com Juliano, mas se veste como um emo.

JOAQUIM: Comprei uma garrafa nova de Blue Label, Juliano.

MIGUEL: Juliano?

Pausa breve.

JOAQUIM: Oi, meu filho. O que você está fazendo aqui?

MIGUEL: Vim te ver.

JOAQUIM: Sério?

MIGUEL: Mamãe mandou eu vir te ver.

JOAQUIM: Ah... Está tudo bem?

MIGUEL: Você comprou uma garrafa de whisky?

JOAQUIM: É... Mas não se preocupe, não vou me tornar um alcoólatra, não...

MIGUEL: Vamos beber?

Pausa breve.

JOAQUIM: Vamos. Claro. Eu vou pegar gelo.

MIGUEL: Eu tomo cowboy, pai.

JOAQUIM: É?

MIGUEL: É.

JOAQUIM: Claro...

Joaquim sai para pegar o gelo e, na ausência dele, Miguel mexe em uma caixa cheia de fotografias. Joaquim volta e serve as doses.

MIGUEL: Eu sou a cara do meu tio, não é? A cara...

JOAQUIM: É...

MIGUEL: Será que eu não sou filho dele?

JOAQUIM: Espero que não!

Eles riem.

MIGUEL: Mamãe está pirando com essa história de você dar um tempo aqui... Ela acha que é com ela...

JOAQUIM: Eu sei. Mas não é. É comigo. Só que não tenho tempo de explicar para ela que não tem nada a ver com o casamento e tudo o mais... Tenho que entregar a casa...

MIGUEL: Ela vai te tratar malzão quando você voltar.

JOAQUIM: Provavelmente.

MIGUEL: Posso ficar com aquele arco e flecha do vovô?

JOAQUIM: Claro! Pode ficar com o que você quiser. Está naquela caixa ali...

Miguel vai até a caixa e tira um arco e flecha esportivo.

MIGUEL: O vovô treinou isso muito tempo?

JOAQUIM: Uns 17 minutos... Quando ele se aposentou, ficou tentando encontrar um hobby...

MIGUEL: É um negócio maneiro...

JOAQUIM: Seu tio tentou me matar com isso, uma vez...

MIGUEL: Sério?

JOAQUIM: É... Muito nervosinho, o Juliano, muito nervosinho...

MIGUEL: Mas dá para matar com isso?

JOAQUIM: Não, graças a Deus, senão eu estaria morto...

MIGUEL: Ah, pai...

JOAQUIM: É sério....

MIGUEL: O que aconteceu?

JOAQUIM: A gente brigou, nem me lembro o porquê.... Eu empurrei, ele se estabacou no chão...

Joaquim ri.

JOAQUIM: O Juliano era muito leve, na época... Eu dei um empurrãozinho de nada e ele voou... Muito fraquinho... Eu saí gargalhando da cara dele e ele veio atrás de mim com o arco e flecha do papai... E a flecha veio direto no meu braço... Ele tentou me matar!

MIGUEL: Ele acertou em você?

JOAQUIM: Acertou... Mas a flecha não entrou... A intenção dele era me matar mesmo... Se ele tivesse uma arma, tinha me dado um tiro...

MIGUEL: Ele não tinha uma arma?

JOAQUIM: Naquela época, ainda não.

MIGUEL: Vocês eram crianças?

JOAQUIM: Não... Adultos já... O Juliano nunca deixou de ser temperamental...

MIGUEL: É... É o que parece...

Silêncio breve. Eles mexem nas coisas, Miguel vasculha alguma das caixas. Joaquim arruma uma outra.

JOAQUIM: O que significa ser emo, Miguel?

MIGUEL: Hein?

JOAQUIM: Sua mãe me disse que você é emo.

MIGUEL: É?

JOAQUIM: O que significa?

MIGUEL: O quê?

JOAQUIM: Ser emo?

MIGUEL: Ah, pai...

JOAQUIM: Me explica...

MIGUEL: Não é nada...

JOAQUIM: Me explica...

MIGUEL: Coisas do rock'n'roll...

JOAQUIM: Rock'n'roll?

MIGUEL: É...

JOAQUIM: Explica melhor, Miguel.

MIGUEL: O que ela falou para você?

JOAQUIM: Que você era emo...

MIGUEL: Em que contexto a mamãe falou isso para você? Do nada?

JOAQUIM: Depois do enterro do seu avô. Quando eu disse para ela que precisava passar um tempo sozinho aqui...

MIGUEL: Ela te disse que eu era emo depois de você anunciar seu retiro?

JOAQUIM: Ela disse que você compreendia a minha atitude insensata porque você era emo.

MIGUEL: A sua atitude insensata?

JOAQUIM: É... Que você entendia meus motivos para querer ficar aqui, sozinho, porque você é emo...

Miguel ri.

MIGUEL: Mamãe está muito neurótica, não é, não?

JOAQUIM: Olha o respeito, moleque!

MIGUEL: Com todo o respeito! Vou tomar mais uma dose, certo, doutor?

JOAQUIM: Seu tio sempre me chamou de doutor.

MIGUEL: Eu sou a cara do seu irmão e estou armado... Melhor você me dar outra dose, doutor...

JOAQUIM: Folgado!

Eles riem. Joaquim serve mais uma dose a Miguel. Ele vira e oferece o copo novamente para ser enchido.

JOAQUIM: Vamos devagar, Miguel...

MIGUEL: Qual é, pai...

JOAQUIM: Qual é, filho...

MIGUEL: Sou um homem-feito, cara!

JOAQUIM: Um homem emo.

MIGUEL: Não sou viado, não, pai. Pode ficar tranquilo.

JOAQUIM: Meu filho... Eu não... Só perguntei porque não sei o que quer dizer... Você não precisa sentir-se obrigado a se explicar para mim... Eu não... É que sua mãe nunca tinha falado sobre isso... Nós dois, eu e você, nós nunca conversamos sobre essa história... Você nunca tinha me dito nada sobre isso... De ser emo... Eu nunca tinha ouvido falar nessa coisa...

MIGUEL: Não sou viado, não, pai. Pode ficar tranquilo. Tomo whisky cowboy, sou macho para caralho... Quer fazer uma queda de braço?

JOAQUIM: Igualzinho ao meu irmão. Meu filho é igualzinho ao meu irmão.

MIGUEL: Só que sou emo.

JOAQUIM: E eu não sei o que isso quer dizer.

MIGUEL: É a minha banda, pai... O tipo de som... Tem a ver com moda também... Somos ultrarromânticos, saca? Não temos vergonha dos nossos sentimentos, de demonstrar os nossos sentimentos... Não tem nada a ver com ser viado, não...

JOAQUIM: Miguel, não tenho problema com isso... Se você for... Se você fosse homossexual... Eu não reagiria mal... Não tentaria atirar uma flecha em você...

MIGUEL: Foi por isso que o meu tio tentou te acertar com uma flecha?

JOAQUIM: Olha o respeito, moleque!

MIGUEL: Com todo o respeito, doutor!

JOAQUIM: Você é emo, moleque, eu te derrubo com um sopro...

MIGUEL: Será?

JOAQUIM: Queda de braço?

MIGUEL: Depois que eu tomo a terceira dose, você resolve me enfrentar...

JOAQUIM: Ah... Está inventando desculpa...

MIGUEL: Não estou bêbado o suficiente ainda, para falar a verdade...

Miguel serve a si mesmo mais uma dose.

MIGUEL: Quer?

JOAQUIM: Eu estou indo para a segunda dose e você para a quarta, Miguel...

MIGUEL: Quem é o emo, hein?

JOAQUIM: Você vai ter que dormir aqui porque senão sua mãe vai me matar...

MIGUEL: Se eu não voltar para casa com notícias, talvez ela se mate...

JOAQUIM: Não fala isso!

Pausa breve.

MIGUEL: Desculpe... É que a mamãe está louca com você...

JOAQUIM: Ela não entende o que estou passando...

MIGUEL: É... É o que eu acho também...

JOAQUIM: É?

MIGUEL: A mamãe é muito mimada, não é, pai?

JOAQUIM: Miguel!

MIGUEL: Não estou falando mal dela, não... Mas... Os pais dela estão vivos... Ela é filha única... Você sempre faz todas as vontades dela... É difícil, para ela, entender que nesse momento da sua vida as coisas não estão em torno dela, em relação a ela, aos pés dela...

JOAQUIM: É só um momento... É só esse momento, só agora...

MIGUEL: Eu entendo perfeitamente.

JOAQUIM: Entende, meu filho?

MIGUEL: Claro! Você tem que se despedir da sua origem. Não é? Você tem que se desligar do mundo que te formou. O mundo que você conheceu primeiro, antes de tudo, antes de mais nada... Aquele mundo que se revelou, que se ofereceu, assim que você veio parar aqui, neste planeta doido... Assim que você começou a viver...

JOAQUIM: É...

MIGUEL: Não precisa ser um gênio para entender isso... Mamãe está sendo egoísta!

JOAQUIM: Não fala assim...

MIGUEL: É o que eu acho!

JOAQUIM: Você não acha que eu estou sendo infantil? Que eu estou enfrentando mal, enfrentando pessimamente, uma coisa absolutamente natural, da vida... Será que eu não estou sendo um imbecil, Miguel?

MIGUEL: A mamãe disse isso? Ela te chamou de imbecil?

JOAQUIM: Não, não! Eu mesmo é que estou questionando a minha perspicácia, agora... A minha razão... É natural perder os pais... Não é? Na minha idade, é natural... É um fato da vida, comum... Não é? Por que eu simplesmente não consigo me sentir normal, então? Por que eu não consigo agir com naturalidade? Como um homem de verdade deve fazer, tem que fazer... Eu me sinto uma outra coisa agora, Miguel... Um outro ser... Não um homem de verdade... Agora, nesse momento, nesses dias... Não posso cumprir meu papel de sempre, não posso ocupar meu lugar de hábito... Não posso...

MIGUEL: Nem precisa! Você tem todo o direito de estranhar o universo!

JOAQUIM: Não é ridículo, não?

MIGUEL: O seu pai morreu, a sua mãe morreu... Você deixou de ser um filho. Para sempre.

JOAQUIM: É...

MIGUEL: É foda mesmo!

JOAQUIM: Não tem mais nada antes de mim...

MIGUEL: Deve ser muito esquisito... Eu só posso imaginar, pai...

JOAQUIM: Eu nunca me senti tão sozinho.

MIGUEL: Eu compreendo a sua atitude insensata, doutor. Mas sou muito macho!

JOAQUIM: Esse negócio de emo não é nada mau, então...

MIGUEL: Nem precisa ser emo para compreender a sua confusão...

JOAQUIM: Eu tenho que pegar cada coisa que pertenceu ao meu pai e à minha mãe... Tenho que pegar cada coisinha e dar fim... Tenho que abrir mão deles, materialmente falando... Das coisinhas deles... O lugar de onde eu vim... foi embora para sempre.

MIGUEL: Você não vai guardar nada?

JOAQUIM: Vou, sim... As botinhas...

MIGUEL: Que botinhas?

JOAQUIM: Você não quer dar uma olhada na coleção de discos dos seus avós?

MIGUEL: Ah! Quero sim!

Joaquim mostra a caixa onde estão os discos. Miguel começa a olhá-los.

JOAQUIM: Seu avô era chato com esses discos...

MIGUEL: Chato?

JOAQUIM: Ninguém podia ouvir se ele não estivesse presente! Ninguém deveria nem se aproximar dos discos, na ausência dele... Para não danificar essas preciosidades, essas relíquias...

MIGUEL: Uma vez, ele me disse que havia contado 987 LPs... Novecentos e oitenta e sete... Esse número ficou na minha cabeça...

JOAQUIM: Acho que ele não gostava de música de verdade... Gostava era de ser um colecionador de raridades... Quase ninguém ouviu esses discos... Nem ele mesmo ouvia para não correr o risco de arranhar...

MIGUEL: Que nada, pai! Ele sempre colocou um monte de música para mim! Sempre... Desde que me entendo por gente... Provavelmente, ouvimos juntos todos esses 987 discos, cada um deles... Algumas várias vezes...

JOAQUIM: É?

MIGUEL: É...

JOAQUIM: Quando você era pequeno?

MIGUEL: Ainda hoje... Quer dizer... Até hoje, até ontem...

JOAQUIM: Você vinha aqui e escutava os discos do seu avô com ele?

MIGUEL: A gente sempre dançava nesta sala.

JOAQUIM: Dançava?

MIGUEL: Chuck Berry. Jerry Lee Lewis. Smokey Robinson. E Elvis, é claro! Elvis!

JOAQUIM: Você e seu avô dançavam, aqui?

MIGUEL: É... Nós arrastávamos os móveis e tínhamos um salão de dança só nosso...

JOAQUIM: Agora já não tem mais móveis. Nem mais ele. E eu nunca vou poder ver, com meus próprios olhos, isso que você está me contando agora.

MIGUEL: Vamos dançar? Nós dois...

Joaquim ri. Miguel coloca a música "You belong to me".

MIGUEL: A música preferida do vovô. Ele sempre chorava quando ouvia. Dança comigo, pai?

Joaquim e Miguel dançam juntos.

MIGUEL: Acho que eu sou músico por causa do vovô.

JOAQUIM: É... Músico e emo porque seu avô fez de você um homem muito sensível, capaz de compreender a dor do seu pai...

MIGUEL: Sensível, mas forte para bebida!

JOAQUIM: Muito mais forte que eu...

MIGUEL: Eu tenho que ir, pai. Vou passar em casa... Garantir para mamãe que você não está atracado a nenhuma loira... E partir para uma festinha...

JOAQUIM: Você está dirigindo?

MIGUEL: Não. Não se preocupa.

JOAQUIM: Eu me preocupo! Eu me preocupo!

Eles se abraçam, Miguel vai saindo.

JOAQUIM: Miguel!

MIGUEL: Oi...

JOAQUIM: Você sente falta de ter irmãos?

MIGUEL: Eu?

JOAQUIM: É...

MIGUEL: Irmãos?

JOAQUIM: Você queria ter tido irmãos? Você sente falta de ter irmãos?

MIGUEL: Não sei...

JOAQUIM: Não sabe ou não sente?

MIGUEL: Sei lá... Não é uma coisa que passa pela minha cabeça, não é uma questão...

JOAQUIM: Nunca, na sua vida, você sentiu vontade de ter um irmão? Falta de ter um irmão?

MIGUEL: Não que eu me lembre.

JOAQUIM: Nunca?

MIGUEL: Você sente, não é? Você sente muita falta de ter um irmão.

JOAQUIM: É... Eu sinto mesmo. Muita falta do meu irmão.

MIGUEL: Deve ser foda mesmo...

JOAQUIM: É foda mesmo, meu filho! Eu sinto muita falta dele.

MIGUEL: E eu não posso nem imaginar como é sentir-se assim...

JOAQUIM: Não pode nem imaginar?

MIGUEL: Não faço ideia de como é sentir essa falta.

JOAQUIM: Dá preguiça de explicar...

MIGUEL: Acredito.

JOAQUIM: Dá saudade de ouvir falar, saudade de sentir, saudade de encontrar...

Miguel dá um abraço no pai.

MIGUEL: Pode ter certeza que quando você morrer vou ficar tão perdido quanto você está agora.

JOAQUIM: Vai, vai... Vai dar o relatório para a sua mãe que, senão, vai acabar perdendo sua festinha...

MIGUEL: É...

JOAQUIM: Pode ir!

MIGUEL: Você vai ficar bem sozinho?

JOAQUIM: Ele nunca foi para longe... Nunca... Nesses vinte anos... Nem um dia se passou sem notícias dele... Na minha memória, no meu coração...

MIGUEL: Acho que você é meio emo também...

CENA 6

Joaquim.

JOAQUIM: Tenho razão de sentir saudade, tenho razão de te acusar. Houve um pacto implícito que rompeste e sem te despedires foste embora. Detonaste o pacto. Detonaste a vida geral, a comum aquiescência de viver e explorar os rumos de obscuridade, sem prazo, sem consulta, sem provocação. Até o limite das folhas caídas na hora de cair. Antecipaste a hora. Teu ponteiro enlouqueceu, enlouquecendo nossas horas. Que poderias ter feito de mais grave do que o ato sem continuação, o ato em si, o ato que não ousamos nem sabemos ousar porque, depois dele, não há nada? Tenho razão para sentir saudade de ti, de nossa convivência em falas camaradas, simples apertar de mãos, nem isso... Voz modulando sílabas conhecidas e banais que eram sempre certeza e segurança. Sim, tenho saudades. Sim, acuso-te porque fizeste o não previsto nas leis da amizade e da natureza nem nos deixaste sequer o direito de indagar por que o fizeste, por que te foste.

Juliano entra e sorri para Joaquim.

JOAQUIM: Eu entrei pela porta. E o corpo estava exatamente aí nesse lugar em que você está agora. De longe dava para perceber que era um corpo sem vida. Eu queria muito que você pudesse me explicar o porquê.

JULIANO: Não tem explicação. Vamos falar de outra coisa?

JOAQUIM: Eu não tenho nojo de sangue, eu não tenho nervoso de sangue, eu sou um cirurgião... Mas, naquele dia, naquela tarde... Eram 17h32, quando eu entrei pela porta e te encontrei caído morto... Eram 17h32... Eu não tenho problema nenhum com sangue... Mas, naquela tarde, mal pude passar os olhos pela poça ao seu lado... Eu não conseguia encarar aquilo... Eu, um cirurgião...

JULIANO: Vamos falar de outra coisa?

JOAQUIM: Ele não falou comigo por três anos! Três anos. Não falava, não me encarava. Não me amava mais. Três anos. Eu sei que não é sua culpa, ele me culpar... Mas, Juliano, por que você estourou a porra dos seus miolos?

JULIANO: Seja racional, Joaquim. Não posso responder a nenhuma pergunta sua. Eu não existo mais...

JOAQUIM: Racional... Estou delirando há dias, meu querido irmão! Como naquela época, logo depois que você... Eu entrei e te encontrei. Ele entrou uns segundos depois de mim, viu a mesma paisagem aterrorizante. Você, ilhado por você mesmo, aos pedaços. "Por que você não faz alguma coisa, Joaquim? Por quê? Vai, simplesmente, deixar seu irmão morrer?! Faz alguma coisa agora, reage! Salve a vida dele! Você é médico, não é? O que é isso? O que você fez, meu filho? O que você fez? Joaquim! Não chora! Engole o choro e coloca ar nos pulmões do seu irmão." Você não respirava, ele se deu conta. Seu coração não batia mais. Ele encostou o ouvido no seu peito... "O coração dele não está batendo, Joaquim... O coração dele não está batendo... Mas você pode resolver isso, não é? Não é isso que você estuda? Você pega um coração bom e coloca numa pessoa, não é? Você pega um coração que ainda está batendo e coloca numa pessoa? Não é isso? Não é assim? Hein? Salva o seu irmão! Salva o seu irmão!"

JULIANO: Temos uma nova garrafa! Já meio vazia, hein...

JOAQUIM: Eu só saí dessa casa aos 27 anos. Ele não falou comigo por três anos. Não me olhava nos olhos... Só no dia em que eu fui embora, ele dirigiu a palavra a mim novamente... Me disse adeus... No dia em que eu deixei esta casa que, agora, estou desocupando para sempre...

JULIANO: Que nós estamos desocupando...

JOAQUIM: Nem o papai, nem a mamãe, nem eu... Nós nunca pensamos em nos desfazer deste lugar, sair daqui... Para nós era como se você tivesse se fundido à casa, a esse espaço finito... Era como se este fosse o último cantinho do mundo em que você ainda permanecia vivo... Eu salvei tantas, mas tantas vidas depois daquele dia... Nem sei o número certo... Mas de que adiantou? Vi nossa mãe apodrecer com um câncer e não pude salvá-la... Quando o papai ficou doente, eu pensei: "As coisas mudaram, câncer tem cura agora"... Mas, prestes a ser curado, ele infartou! Que ridículo... Sou um médico famoso e não posso fazer nada! Você... Você morreu tão jovem, tão jovem... Se você tivesse suportado o desespero de viver mais uns minutos, talvez eu pudesse te ajudar... Não? Me dá alguma resposta, Juliano! Me faz ver um sentido nisso tudo... Na minha vida... Na sua morte...

JULIANO: É dentro de você que eu vivo agora, não seja burro.

JOAQUIM: Foi uma devastação! Eu mal podia olhar... Você, deliberadamente, se extinguiu, meu irmão... Você atirou na própria cabeça... Espalhando pelo chão a mais intragável poça de sangue que já existiu... Você se matou, meu irmão... Meu irmãozinho... Que tomou sete tombos tentando aprender a andar de bicicleta sem rodinhas, enquanto eu caí apenas cinco vezes...

JULIANO: Você não vai esquecer isso, não?

JOAQUIM: Não. Não vou. Eu não vou esquecer nada. Nunca. Eu prometo a você. Me lembro todos os dias, da sua voz, sua risada, suas frescurinhas... Você tinha pavor de barata! Pavor, horror, pânico...

JULIANO: Eu sempre joguei futebol bem melhor que você.

JOAQUIM: É verdade... Eu sempre fui vergonhosamente driblado por você...

Juliano serve doses de whisky para ele e para o irmão. Vê uma coisa em uma caixa e pega. São duas botinhas de bebê.

JULIANO: Olha, Joaquim, aquelas botinhas... Aquelas botinhas que você roubou de mim...

JOAQUIM: Que eu roubei? Eu tinha três anos... Quando a mamãe entrou pela porta desta sala trazendo você, eu estava contrariado, desconfiado...

JULIANO: Enciumado...

JOAQUIM: Naturalmente... Dei uma olhada para você...

JULIANO: Você não tem como lembrar disso... Você tinha três anos...

JOAQUIM: Eu não me lembro nitidamente... Mas tenho a sensação da memória, entende?

Joaquim pega as botinhas.

JOAQUIM: Eu achei incríveis essas botinhas... O tamanho delas... Tirei dos seus pezinhos e peguei para mim...

Mas, então, eu vi seus pezinhos... Mínimos... Pedi para a mamãe te calçar outra coisa... "Posso ficar com essa lembrança?"

JULIANO: O quê?

JOAQUIM: Foi o que eu perguntei para a mamãe... "Posso ficar com essa lembrança?"

JULIANO: São suas, meu irmão. Todas as nossas lembranças agora contam apenas com você.

JOAQUIM: Cala a boca!

JULIANO: Viver é uma dádiva fatal, não é? No fim das contas, ninguém sai vivo daqui...

JOAQUIM: Nem um dia se passa sem notícias suas! Nem um dia se passou sem que aquela poça de sangue embaçasse meus olhos.

JULIANO: Será que você vai saber o quanto penso em você com o meu coração?

JOAQUIM: Me responde! E agora? O que eu faço agora? Agora que o papai se foi? Que todo mundo se foi... Não existe mais ninguém que tenha experimentado a mesma coisa que eu... Que tenha vivido o que eu vivi... Não tem mais ninguém... Olha para mim, aqui sozinho, falando com a minha própria falta... Com a falta que você me faz, sempre me fez... Meu passado me abandonou sozinho no presente... No hoje... No aqui, agora... Eu estou isolado no tempo... Um tempo que não contém mais aquilo que foi, aquilo que era... Eu sobrevivi demais, sobrevivi aos meus...

JULIANO: Joaquim, está ouvindo?

JOAQUIM: O quê?

JULIANO: O sol. Dá para ouvir o sol se pôr dentro do mar, lembra? Na hora que o sol encosta na água, a gente escuta um barulhinho parecido com o que a chuva faz quando cai nas copas das árvores... Está sentindo? Hein, Joaquim? Você consegue sentir o gosto dessa brisa sutil que está entrando aqui, agora... Refrescante... Como um copo bem gelado de mate com limão, na praia, e biscoito Globo salgado... Está vendo, Joaquim? O Miguel cercado de meninas lindas, cantando, dançando com o nosso pai... A vida é do caralho, não é, não? Está vendo, Joaquim? Está ouvindo?

Em off, uma voz de mulher: Você tem os olhos do meu pai, meu filho. Os olhos do seu avô. Vem tomar café com leite, vem! Comprei um casaco bem quentinho para você não sentir frio de madrugada! Não engole a comida sem mastigar, Joaquim! Coloca seu coração no lugar, meu querido. Coloca seu coração no lugar.

JOAQUIM: Mãe! Mãe!

JULIANO: Presta atenção, Joaquim! Presta atenção...

Em off, uma voz de homem: Como aliviar a dor do que não foi vivido? A resposta é simples como um verso: "Se iludindo menos e vivendo mais!!! A cada dia que vivo, mais me convenço de que o desperdício da vida está no amor que não damos, nas forças que não usamos, na prudência egoísta que nada arrisca... A dor é inevitável. O sofrimento é opcional..." Drummond, meu filho!

JOAQUIM: Pai! Você dançava com o Miguel?!

A voz de homem: Carlos Drummond de Andrade!

JOAQUIM: Eu não posso deixar vocês irem. Eu não posso, simplesmente, deixar vocês partirem... Eu não posso ficar para trás! Viver para além de vocês!

MIGUEL: Pode ter certeza que, quando você morrer, vou ficar tão perdido quanto você está agora.

A voz de mulher: Seu café com leite está na mesa, filho.

A voz de homem: [cantarolando] Heaven, I'm in heaven...

JOAQUIM: É uma dor não poder ver. É uma dor enorme não poder mais tocar, apertar, ater. Como dói... Sinto falta do cheiro, dos sons, das banalidades todas. Das coisinhas comuns.

A voz da mãe diz: "Tira o pé da mesa!", "Não espalhe migalhas no sofá!"

Ao mesmo tempo, a voz do pai diz: "Você tem que melhorar em matemática!", "Você passou no vestibular!"

JULIANO: [*junto com as outras vozes*]: "Me empresta a camiseta azul-marinho de gola polo?", "Você roubou meu disco do Pink Floyd!"...

JOAQUIM: Coisinhas bobas... Quase nada... Detalhes ínfimos... Sinto falta... Todos os dias...

JULIANO: No rosto do Miguel, você sempre pode me ver.

MIGUEL: *Just remember 'til you're home again, you belong to me.*

JOAQUIM: Nós pertencemos uns aos outros... Nós pertencemos um ao outro... Por um átimo, sinto seu coração, meu irmão, bater no peito... Por um átimo, sinto meu coração parar, dentro do seu peito...

JULIANO: Você é o ar que eu respiro agora, Joaquim. Você é a voz que eu tenho.

JOAQUIM: Meu filho tem o seu rosto.

JULIANO: E o seu futuro.

JOAQUIM: É... É, sim...

Pausa breve.

JOAQUIM: Tenho que entregar a chave da casa para os novos donos.

JULIANO: Diga adeus e atravesse a rua sem olhar para trás.

JOAQUIM: Você vem comigo?

JULIANO: Claro! Claro!

Eles dão as mãos.

JOAQUIM: Vamos nessa!

FIM

Sobre a autora

Daniela Pereira de Carvalho nasceu no ano de 1977, em Teresópolis. Estudou Teatro na CAL e se formou em Teoria do Teatro pela UNIRIO, em 2002. Escreveu seus primeiros textos para a companhia *Os Dezequilibrados*, da qual fez parte até 2005. Desde então, foi indicada ao Prêmio Shell como melhor autora por *Tudo é permitido* (2005), *Não existem níveis seguros para o consumo dessas substâncias* (2006) e *Por uma vida um pouco menos ordinária* (2007). Também escreveu textos musicais como *Renato Russo* (2006) e *Tom e Vinícius* (2008), e textos de inspiração biográfica como *Um certo Van Gogh* (2008) e *Lady Lázaro* (2005), sobre a vida de Sylvia Plath. Entre seus textos mais recentes estão *Estragaram todos os meus sonhos, seus cães miseráveis!* (2010), *As próximas horas serão definitivas* (2011) e *Cowboy* (2012).

Copyright © Editora de Livros Cobogó
Copyright © Daniela Pereira de Carvalho

Editora
Isabel Diegues

Editora Assistente
Barbara Duvivier

Consultoria
Luiz Henrique Nogueira

Coordenação de Produção
Melina Bial

Produção Editorial
Vanessa Gouveia

Revisão Final
Eduardo Carneiro

Projeto Gráfico e Diagramação
Mari Taboada

Capa
Luiza Marcier e Radiográfico

CIP-BRASIL. CATALOGAÇÃO-NA-FONTE
SINDICATO NACIONAL DOS EDITORES DE LIVROS, RJ

    Carvalho, Daniela Pereira de
C321n   Nem um dia se passa sem notícias suas / Daniela Pereira de
    Carvalho. – Rio de Janeiro: Cobogó, 2012.
                                                                                               (Dramaturgia; 4)
    ISBN 978-85-60965-30-4

    1. Teatro brasileiro (Literatura). I. Título. II. Série.

12-5524.   CDD: 869.92
                                                                                       CDU: 821.134.3(81)-2

Nesta edição, foi respeitado o Acordo Ortográfico da Língua Portuguesa
de 1990, que entrou em vigor no Brasil em 2009.

Todos os direitos reservados à
Editora de Livros Cobogó Ltda.
Rua Jardim Botânico, 635/406
Rio de Janeiro – RJ – 22470-050
Tel.: (21) 2282-5287
www.cobogo.com.br

Outros títulos desta coleção:

NINGUÉM FALOU QUE SERIA FÁCIL
Felipe Rocha

TRABALHOS DE AMORES QUASE PERDIDOS
Pedro Brício

ALGUÉM ACABA DE MORRER LÁ FORA
Jô Bilac

OS ESTONIANOS
Julia Spadaccini

PONTO DE FUGA
Rodrigo Nogueira

2012

1ª impressão

Este livro foi composto em Univers.
Impresso pela Prol Editora Gráfica
sobre papel Lux Cream 70g/m².